विसाल

VISAAL

शजर ज़ैदी

क्रम-सूची

क्रम-सूची

क्रम-सूची

1. जनाब-ए-नूह के जैसी मुझे हयात भी दे

जनाब-ए-नूह के जैसी मुझे हयात भी दे
विसाल-ए-यार हो जिसमें कोई वो रात भी दे

सुख़नवरी के हुनर से मुझे नवाज़ दिया
मेरे इलाही मुझे अब ग़ज़ल-सिफ़ात भी दे

ख़ुदा ने तुझको नवाज़ा है हुस्न-ए-मुतलक़ से
तो अपने हुस्न की थोड़ी सी तू ज़कात भी दे

अता किया है जिसे तूने चाँद सा चेहरा
नज़र में उसकी इलाही कुछ इल्तिफ़ात भी दे

शब-ए-दराज़ में गुज़री है सारी उम्र-ए-शजर
मेरे शजर को ख़ुदाया शब-ए-बरात भी दे

2. दिल शाद थे दिल शाद हैं दिल शाद रहेंगे

दिल शाद थे दिल शाद हैं दिल शाद रहेंगे
हम याद थे हम याद हैं हम याद रहेंगे

दिल में ये मकाँ इश्क़-ओ-मोहब्बत के हमेशा
आबाद थे आबाद हैं आबाद रहेंगे

हाकिम को बता दो ये ख़यालात हमारे
आज़ाद थे आज़ाद हैं आज़ाद रहेंगे

मीसम ने कहा दार से ये दुश्मन-ए-हैदर
बर्बाद थे बर्बाद हैं बर्बाद रहेंगे

ता-हश्र शजर याद रहे मीर ग़ज़ल के
उस्ताद थे उस्ताद हैं उस्ताद रहेंगे

3. मेरे अपने ही शजर मुझपे सितम करते हैं

मेरे अपने ही शजर मुझपे सितम करते हैं
फिर सितम करके ग़ज़ब ग़म देखिए करते हैं

हम ही महरूम हैं बस नज़र-ए-करम से उनकी
बाक़ी हर शख़्स पे वो नज़र-ए-करम करते हैं

फ़र्श-ए-मजलिस पे ग़म-ए-हिज्र में मातम करके
रोज़-ओ-शब शाम-ओ-सहर आँखों को नम करते हैं

हज़रत-ए-दिल से जुदाई के मसाइब सुनकर
गिर्या हर वक़्त ये क़िर्तास-ओ-क़लम करते हैं

लीजिए आज शजर सुन के सदा-ए-दिल को
कूचा-ए-यार को हम बाग़-ए-इरम करते हैं

4. नौहा लब पर यही है साहिल के

नौहा लब पर यही है साहिल के
मौत आई क़रीब मंज़िल के

मैं मुख़ालिफ़ था मैं मुख़ालिफ़ हूँ
मैं मुख़ालिफ़ रहूँगा बातिल के

गिन नहीं पाए चारा-साज़-ए-जहाँ
इतने टुकड़े हुए मेरे दिल के

देखकर होंठों पर हँसी मेरे
उड़ गए होश रन में क़ातिल के

सब शजर मुझको मेरे यार-ए-अज़ीज़
दे गए देखिए दग़ा मिल के

5. पल भर सुकून-ए-दिल नहीं पाया हयात में

पल भर सुकून-ए-दिल नहीं पाया हयात में
गुज़री है कुल हयात मेरी मुश्किलात में

तश्ना लबों से अब नहीं उलझेगी हश्र तक
प्यासों का इतना ख़ौफ़ है ज़हन-ए-फ़ुरात में

हम नाम तेरे सैकड़ो दुनिया में मिल गए
हम शक्ल तेरा कोई नहीं काएनात में

बरपा हुआ ये इश्क़ के मक़तल में शोर-ओ-गुल
मारे गए लो हज़रत-ए-दिल हादसात में

वैसे तो अन-गिनत हैं मेरी ख़्वाहिशें शजर
पर सबसे पहले तुम हो मेरी ख़्वाहिशात में

6. माज़ी से मेरे मेरी मुलाक़ात हो गई

माज़ी से मेरे मेरी मुलाक़ात हो गई
सहरा में दिल के अश्कों की बरसात हो गई

महरूम-ए-जिस्म हो गया मैं रूह मिल गई
ये जीत इश्क़ की हुई या मात हो गई

क़िस्मत में अब तलक उसे रब ने नहीं लिखा
कितनी तवील मेरी मुनाजात हो गई

मग़रूर होने लग गया हस्ती पे तू शजर
बर्बादियों की तेरी शुरूआत हो गई

नीलाम तुम नहीं हुए बाज़ार में शजर
नीलाम आज इज़्ज़त-ए-सादात हो गई

7. पैग़ाम दे रहा है ये रो रो के आसमाँ

पैग़ाम दे रहा है ये रो रो के आसमाँ
हर सू मेरे नगर में हैं मंज़र धुआँ-धुआँ

तीर-ओ-तबर को वक़्त के बातिल को मात दी
मक़्तल में हँस के जीत गया एक बे-ज़बाँ

ऐ शाहज़ादी तुम मुझे इसका जवाब दो
नक्श-ए-क़दम तुम्हारे मैं ढूँडू कहाँ कहाँ

सुनकर विसाल-ए-यार का पैग़ाम देखिए
करते हैं रक़्स अर्श पे ख़ुर्शीद-ओ-कहकशाँ

हक़दार हैं ये ख़ुल्द-ए-बरीं के सभी ख़ुदा
ये क़िस्सा-ख़्वाँ ग़ज़ाल शजर और नौहा-ख़्वाँ

8. दर्द-ए-दिल अपना सुनाकर बा ख़ुदा अच्छा किया

दर्द-ए-दिल अपना सुनाकर बा ख़ुदा अच्छा किया
इश्क़ का हर ग़म बताकर बा ख़ुदा अच्छा किया

सोचता था हर घड़ी मैं भूल जाऊँगा तुम्हें
याद में तुमने न आकर बा ख़ुदा अच्छा किया

तू नहीं गर मुस्कुराता तो बिखर जाता वो गुल
भँवरे तूने मुस्कुराकर बा ख़ुदा अच्छा किया

इश्क़ की बस्ती में हद से बढ़ गई थी तीरगी
आपने दिल को जलाकर बा ख़ुदा अच्छा किया

सब मुसाफ़िर छाँव में बैठेंगे पाएँगे समर
ये शजर तुमने लगाकर बा ख़ुदा अच्छा किया

9. वफ़ा ख़ुलूस मोहब्बत की इब्तिदा हूँ मैं

वफ़ा ख़ुलूस मोहब्बत की इब्तिदा हूँ मैं
बताओ किसने कहा तुमसे बे वफ़ा हूँ मैं

तुम्हारे नक़्श-ए-पा हर एक दिल के कूचे में
निगाह-ए-शौक़ से हर वक़्त ढूँढ़ता हूँ मैं

मेरे लबों पे तबस्सुम कहाँ से आएगा
ग़म-ए-फ़िराक़ में हर लम्हा ग़म-ज़दा हूँ मैं

किसी ने बर-सर-ए-मक़्तल तरस नहीं खाया
वो कह रहा था कि बे जुर्म-ओ-बे-ख़ता हूँ मैं

मेरा मिज़ाज निराला है अस्र-ए-हाज़िर में
सितम को सब्र के ख़ंजर से काटता हूँ मैं

हाँ हक़ के साथ सदा मिस्ल-ए-मीसम-ए-तम्मार
खड़ा रहूँगा खड़ा था खड़ा हुआ हूँ मैं

किया है जब से शुरू मैंने हक़ को हक़ कहना
ज़माने वालों की आँखों में चुभ रहा हूँ मैं

मुख़ालिफ़त मेरी करने लगे हैं अहल-ए-जहाँ
वो यानी रस्ते पे हक़ की निकल पड़ा हूँ मैं

शजर ये हज़रत-ए-ज़ैनब के लब पे नौहा था
है बाबा शाम का बाज़ार बे रिदा हूँ मैं

निशान-ए-पा तेरा देता था चीख़कर ये सदा
शजर तू चूम ले उसका निशान-ए-पा हूँ मैं

ज़माने वाले ज़माने में मुझको समझेंगे
क़सम ख़ुदा की शजर ऐसा फ़लसफ़ा हूँ मैं

10. "वो रात"

वो रात जिसने सुकूँ ज़िंदगी का छीन लिया
वो रात जिसने मुझे हर ख़ुशी से दूर किया
वो रात जिसने मुझे रंज-ओ-ग़म का तोहफ़ा दिया
वो रात जिसमें जुदाई का जाम मैंने पिया

वो रात सिसकियाँ भरती है मेरी साँसों में
वो रात काँटों सी चुभती है अब भी आँखों में

वो रात एक क़बाहत थी एक आफ़त थी
वो रात एक अज़ीयत थी एक उक़ूबत थी
वो रात मुझ पे मुसीबत की एक आयत थी
वो रात रात नहीं थी वो एक क़यामत थी

वो रात मैं कभी या रब न भूल पाऊँगा
वो रात जो थी मैं अब उसका ग़म मनाऊँगा

वो रात जिसने शजर को शजर नहीं छोड़ा
वो रात जिसने शजर पर समर नहीं छोड़ा

वो रात जिसमें हर एक शाख़ तार तार हुई
वो रात जिसने परिंदों का घर नहीं छोड़ा

वो रात जिसने हर एक गाम उसको ज़ख़्म दिया
वो रात कैसे भुलाएगा बाग़बान बता

वो रात जिसका अभी तक मैं ख़ौफ़ खाता हूँ
वो रात जिसके तसव्वुर से काँप जाता हूँ
वो रात आज भी रह रह के दिल दुखाती है
वो रात जिसको मैं इक पल नहीं भुलाता हूँ

वो रात ज़िक्र है जिसका मेरी कहानी में
वो रात कर गई बूढ़ा भरी जवानी में

11. इश्क़ करते थे इश्क़ करते हैं

इश्क़ करते थे इश्क़ करते हैं
तुम पे मरते थे तुम पे मरते हैं

रक़्स करती हैं मौजें दरिया की
जब वो दरिया से मश्क भरते हैं

जिससे डरना है उससे डरते नहीं
बाक़ी अहल-ए-जहाँ से डरते हैं

देखकर फूल को बिखरते हुए
भँवरे सीने पे हाथ धरते हैं

कितने अहमक़ हैं ये शजर साहब
उनके कूचे से ही गुज़रते हैं

12. करते फिरेंगे अब यही फ़रियाद इश्क़ में

करते फिरेंगे अब यही फ़रियाद इश्क़ में
हम हो गए हैं दोस्तों बर्बाद इश्क़ में

नाशाद हो गया है कोई शाद इश्क़ में
राँझा हुआ कोई कोई फ़रहाद इश्क़ में

करती है क़ैद इश्क़ में दुनिया परिंद को
और हम परिंद करते हैं आज़ाद इश्क़ में

दिल नींद जिस्म जान सूकूँ सब लुटा दिए
ऐसे भी गुज़रे हैं कई जव्वाद इश्क़ में

तारीख़-ए-इश्क़ ने ये बताया हमें शजर
करता नहीं है कोई भी इमदाद इश्क़ में

13. वो मेरे ख़्वाब में आता है चला जाता है

वो मेरे ख़्वाब में आता है चला जाता है
मेरी ज़ुल्फ़ों को बनाता है चला जाता है

इश्क़ के नग़्मे वो गाता है चला जाता है
दश्त में ख़ाक उड़ाता है चला जाता है

ज़ख़्म से छलनी जिगर पहले दिखाता है मुझे
फिर सभी दर्द सुनाता है चला जाता है

ख़ाक-ए-वीराँ पे लिखा करता है इस्म-ए-लैला
फिर उसे क़ैस मिटाता है चला जाता है

मैं जलाता हूँ मोहब्बत के दिये ख़ूँ से शजर
हिज्र का झोंका बुझाता है चला जाता है

14. ता उम्र तेरी याद में तड़पा करेंगे हम

ता उम्र तेरी याद में तड़पा करेंगे हम
मातम करेंगे मर्सिया नौहा करेंगे हम

बे ख़ौफ़ होके तीरों की बारिश में देखना
करबोबला की ख़ाक पे सज्दा करेंगे हम

मज़लूमियत पे सब तेरी अश्कों की शक्ल में
आँखों से अपनी ख़ून बहाया करेंगे हम

ग़श खा के गिर पड़ेगा जो देखेगा दिल तेरा
इतनी जगह से दिल को शिकस्ता करेंगे हम

हमज़ा के जैसे देखना मक़तल में ऐ शजर
सीने से ज़ख़्मी बरछी का सीना करेंगे हम

15. इस ज़माने के हर इक अफ़राद की आवाज़ है

इस ज़माने के हर इक अफ़राद की आवाज़ है
मुख़्तलिफ़ हूँ मैं जहाँ से मुख़्तलिफ़ अंदाज़ है

उसको मुझ पे नाज़ है और उसपे मुझको नाज़ है
उसका मैं हमराज़ हूँ और वो मेरा हमराज़ है

बेबसी बेचैनियाँ बेताबियाँ बढ़ने लगीं
ऐसा लगता है मुझे ये इश्क़ का आग़ाज़ है

लग रहा है ये तेरी नाराज़गी को देखकर
जैसे मुझसे ये मता-ए-जाँ जहाँ नाराज़ है

एक परिंदा रोज़ कहता है शजर पे बैठकर
अर्श से आगे शजर मेरी कहीं परवाज़ है

16. अदना सा पैग़ाम है मेरा सभी के वास्ते

अदना सा पैग़ाम है मेरा सभी के वास्ते
ज़िंदगी होती नहीं है ख़ुदकुशी के वास्ते

शेर लिखने बैठता हूँ ऐसा लगता है मुझे
जैसे मैं पैदा हुआ हूँ शायरी के वास्ते

ज़िंदगी इक क़ीमती तोहफ़ा बस ये सोचकर
ज़िंदगी मैंने लुटा दी ज़िंदगी के वास्ते

क़ैस ये हर रोज़ समझाता है आकर ख़्वाब में
इश्क़ अच्छी शय नहीं है हर किसी के वास्ते

सोचता हूँ जब कभी दिल रोने लगता है शजर
मैंने कितने ग़म उठाए इक ख़ुशी के वास्ते

17. हमारे क़ल्ब से जब भी सदा निकलती है

हमारे क़ल्ब से जब भी सदा निकलती है
ख़ुदा का शुक्र वो बनके दुआ निकलती है

तेरी गली से जो बाद-ए-सबा निकलती है
वो सब मरीज़ों की बनकर दवा निकलती है

ये चाँद तारे भी मद्धम दिखाई पड़ते हैं
तुम्हारे चेहरे से ऐसी ज़िया निकलती है

बहुत तड़पती हैं तुर्बत में ज़ैनब-ए-मुज़्तर
कोई कनीज़ अगर बे रिदा निकलती है

क़लम को जब भी उठाता हूँ मैं शजर ज़ैदी
लम की नोक से तेरी सना निकलती है

18. ये कह रहा है ज़माना के इश्क़ जीत गया

ये कह रहा है ज़माना के इश्क़ जीत गया
हर एक लब पे है नारा के इश्क़ जीत गया

उधर से क़ैस ये बोला के इश्क़ जीत गया
इधर से मैं भी पुकारा के इश्क़ जीत गया

सदा ये दश्त से आती है रोज़ मजनूँ की
ये मौज़ू रखना ग़ज़ल का के इश्क़ जीत गया

बताओ इश्क़ के मक़्तल में क्या हुआ मुर्शीद
कोई जो पूछे तो कहना के इश्क़ जीत गया

कहा ये क़ैस ने अब आने वाली नस्लों का
हर एक बच्चा कहेगा के इश्क़ जीत गया

अदू सब इश्क़ के मुँह को छुपाए फिरते हैं
गली गली है ये चर्चा के इश्क़ जीत गया

कहा ये हीर ने लैला से मुस्कुराते हुए
मुबारक आपको लैला के इश्क़ जीत गया

जो लोग इश्क़ के दुश्मन थे उनकी मात हुई
मुअर्रिख़ीन ने लिक्खा के इश्क़ जीत गया

ये बज़्म-ए-इश्क़ सजाकर सब आशिक़ान-ए-जहाँ
लो गा रहे हैं ये नग़मा के इश्क़ जीत गया

वो क़ैस हो के जनाब-ए-शजर के राँझा हो
सभी ने राज़ ये खोला के इश्क़ जीत गया

ब रोज़-ए-हश्र मुकम्मल यक़ीन है मुझको
शजर ख़ुदा भी कहेगा के इश्क़ जीत गया

19. ख़ुदा से हर घड़ी रो रो के हम फ़रियाद करते हैं

ख़ुदा से हर घड़ी रो रो के हम फ़रियाद करते हैं
तुम्हारी याद से ना शाद दिल को शाद करते हैं

हैं जितनी बस्तियाँ आबाद वो बर्बाद करते हैं
जो हैं बर्बाद हम वो बस्तियाँ आबाद करते हैं

अगर बाद-ए-सबा गुज़रे जो कू-ए-यार से होकर
उन्हें पैग़ाम दे देना उन्हें हम याद करते हैं

ख़ुदा का शुक्र करके तुम मुबारकबाद दो आओ
तुम्हारे इश्क़ में लो ख़ुद को हम फ़रहाद करते हैं

ख़ुदा के सबसे अच्छे बंदे वो ही हैं शजर ज़ैदी
ख़ुदा के नाम पे जो लोगों की इमदाद करते हैं

20. दुख मेरे दोस्तों ने मेरा ऐसे कम किया

दुख मेरे दोस्तों ने मेरा ऐसे कम किया
ग़मगीन मुझको देख के हर इक ने ग़म किया

आँखों से उसकी अश्क-ए-नदामत टपक पड़े
जब सब ने मुझ पे सूरा-ए-यासीन दम किया

तब जा के क़ल्ब-ए-ज़ार को थोड़ा सुकूँ मिला
जब रौज़ा-ए-फ़रहाद पे सर अपना ख़म किया

नक़्श-ए-क़दम पे उसके दुपट्टा चला शजर
यूँ ख़त्म उसने जान का नक़्श-ए-क़दम किया

ये मिसरा पढ़ के होता है गिर्या-कुनाँ शजर
क़िस्मत ने मेरी मुझ पे निराला सितम किया

21. इक रब की इबादत में इबादत है मोहब्बत

इक रब की इबादत में इबादत है मोहब्बत
ये किसने कहा आपसे आफ़त है मोहब्बत

ये इज़्ज़त-ओ-शोहरत ये मेरा मंसब-ओ-रुत्बा
सब बा ख़ुदा तेरी ही बदौलत है मोहब्बत

सहरा से ये मजनूँ की सदा आती है हरदम
हर दौर के इंसा की ज़रूरत है मोहब्बत

मैं करता था मैं करता हूँ मैं करता रहूँगा
मुझको मेरे अल्लाह की नेमत है मोहब्बत

ऐलान किए देते हैं लो बर-सर-ए-महफ़िल
हाँ हमको शजर तुमसे मोहब्बत है मोहब्बत

22. ज़िंदगी जब मुझे सताती है

ज़िंदगी जब मुझे सताती है
तब मुझे मौत याद आती है

कूचा-ए-यार से ये आती सबा
दास्ताँ दर्द की सुनाती है

मैंने चाहा भी तो तुम्हें चाहा
सोचता हूँ तो शर्म आती है

ख़्वाब चुभते हैं मेरी आँखों में
याद तेरी मुझे रुलाती है

मौत दरवाज़े पर शजर मेरे
रोज़ आती है लौट जाती है

23. तुम पर हुए जो ज़ुल्म-ओ-सितम हज़रत-ए-फ़रहाद

तुम पर हुए जो ज़ुल्म-ओ-सितम हज़रत-ए-फ़रहाद
उनको न भूल पाएंगे हम हज़रत-ए-फ़रहाद

जो ग़म उठाए आपने इस राह-ए-इश्क़ में
हम भी उठा रहे हैं वो ग़म हज़रत-ए-फ़रहाद

कूचा ब कूचा परचम-ए-इश्क़-ओ-वफ़ा लिए
तबलीग़-ए-इश्क़ करते हैं हम हज़रत-ए-फ़रहाद

परचम उठा के इश्क़ का कहते हैं नौ जवाँ
झुकने न देंगे हम ये अलम हज़रत-ए-फ़रहाद

जाते थे जैसे आप उसी शान से शजर
जाते हैं देखो कू -ए-सनम हज़रत-ए-फ़रहाद

24. इंसानियत का हक़ तो ख़ुदारा अदा करो

इंसानियत का हक़ तो ख़ुदारा अदा करो
हक़ में हमारे हाथ उठाकर दुआ करो

दिन में तो मिलने देते नहीं इश्क़ के रक़ीब
तुम ख़्वाब में सुकून से आकर मिला करो

है इश्क़ एक अज़ीम इबादत मेरे सनम
तुम बे फ़ुज़ूल मत ये इबादत क़ज़ा करो

एक अरसे बाद आज मिले हैं गले लगो
बहर-ए-ख़ुदा मत आज कोई भी गिला करो

हलमिन की जब भी कानों में आए कोई सदा
लब्बैक की बुलन्द शजर तुम सदा करो

25. सोचा था जैसा दोस्तों वैसा नहीं हुआ

सोचा था जैसा दोस्तों वैसा नहीं हुआ
मैं जिसका हो गया था वो मेरा नहीं हुआ

ऐसा नहीं हुआ मियाँ वैसा नहीं हुआ
क्या हो गया बताओ हमें क्या नहीं हुआ

मैं जिसको चाहता था वो मेरा न हो सका
जो मुझको चाहता था मैं उसका नहीं हुआ

कोई तो मेरे हाल को ये देखकर कहे
ये सब तुम्हारे साथ में अच्छा नहीं हुआ

हर सू हमारे क़त्ल का चर्चा हुआ 'शजर'
क़ातिल के नाम का कहीं चर्चा नहीं हुआ

26. हर अमल का हिसाब होना है

हर अमल का हिसाब होना है
तेरी आँखों का ख़्वाब होना है

उठ रहे हैं जो तेरे मन में सवाल
मुझको उनका जवाब होना है

आज से मेरी नज़्म का मौज़ू'अ
तेरा हुस्न-ओ-शबाब होना है

इश्क़ की जिससे प्यास बुझ जाए
मुझको एक ऐसा आब होना है

फ़ैसला कर लिया ये मैंने 'शजर'
हद से ज़्यादा ख़राब होना है

27. रक्खा ग़ज़ल का मौज़ू नया इश्क़ और मैं

रक्खा ग़ज़ल का मौज़ू नया इश्क़ और मैं
होंगे नहीं कभी भी जुदा इश्क़ और मैं

हैं इक हसीं के लब की दुआ इश्क़ और मैं
देते हैं ये जहाँ को पता इश्क़ और मैं

ये सोचता था रक्खूँ ग़ज़ल की रदीफ़ क्या
इतने में मेरे दिल ने कहा इश्क़ और मैं

जिस तरह रूह साथ में रहती है जिस्म के
रहते हैं ऐसे साथ सदा इश्क़ और मैं

बस तीन चीज़ें लाइक़-ए-तस्लीम हैं शजर
ये याद रखना मेरा ख़ुदा इश्क़ और मैं

28. है ज़ख़्मी हिज़ के नश्तर से दिल दिखाऊँ किसे

है ज़ख़्मी हिज़ के नश्तर से दिल दिखाऊँ किसे
मैं ये मसाइब-ए-हिज़ाँ शजर सुनाऊँ किसे

मेरे अज़ीज़-ओ-अकारिब ही दुश्मन-ए-जाँ हैं
मैं मुश्किलात में इमदाद को बुलाऊँ किसे

हज़ारों ख़्वाब बसेरा किए हैं आँखों में
किसे निकाल दूँ आख़िर बता बसाऊँ किसे

शब-ए-दराज़ है तन्हाई है उदासी है
ग़म-ओ-अलम की ये मैं दास्ताँ सुनाऊँ किसे

शजर को काट के बे घर किया परिंदों को
ये बेबसी की कहानी बता सुनाऊँ किसे

29. मुद्दतों सामने आऊँगा मैं मुश्किल बन के

मुद्दतों सामने आऊँगा मैं मुश्किल बन के
मुद्दतों ख़्वाब में आऊँगा मैं क़ातिल बन के

मुद्दतों रोएँगी ग़म में मेरे आँखें तेरी
मुद्दतों सीने में धड़कूँगा तेरे दिल बन के

मुद्दतों भटका ज़माने में वो मंज़िल के लिए
मुद्दतों बाद मिला मैं उसे मंज़िल बन के

मुद्दतों बाद में हासिल हुआ हक़ का रस्ता
मुद्दतों भटका हूँ दुनिया में मैं बातिल बन के

मुद्दतों हँस के सहे हमने सभी ज़ुल्म शजर
मुद्दतों ज़ुल्म किए आपने बे दिल बन के

30. ये और बात के हम थोड़ा कम उदास रहे

ये और बात के हम थोड़ा कम उदास रहे
बिछड़के आपसे लेकिन सनम उदास रहे

उठाए इश्क़ में रंज-ओ-अलम उदास रहे
तमाम उम्र ख़ुदा की क़सम उदास रहे

ये तय हुआ था बिछड़ कर उदास रहना है
तो अपना वादा निभा कर के हम उदास रहे

बिछड़ते वक़्त जो ग़म आपने दिए थे हमें
हमारे साथ में वो सारे ग़म उदास रहे

हमारा चाक गिरेबान देखने वाले
शजर ज़माने के सब ज़ी हशम उदास रहे

31. जब अर्श से ये आई सदा इश्क़ ज़िंदाबाद

जब अर्श से ये आई सदा इश्क़ ज़िंदाबाद
हर ज़र्रा ज़र्रा बोल उठा इश्क़ ज़िंदाबाद

है शोर कू-ब-कू ये मचा इश्क़ ज़िंदाबाद
तू भी ये नारा साथ लगा इश्क़ ज़िंदाबाद

मैंने जो बढ़के आगे कहा इश्क़ ज़िंदाबाद
सारा ज़माना बोल उठा इश्क़ ज़िंदाबाद

ये इश्क़ ज़िंदाबाद रहेगा हाँ ज़िंदाबाद
था इश्क़ ज़िंदाबाद है जा इश्क़ ज़िंदाबाद

लैला से बोला सदक़ा दो इस नौजवान का
जब क़ैस ने ये मुझसे सुना इश्क़ ज़िंदाबाद

पत्थर से मुझको अहल-ए-सितम मारते रहे
मैं मुस्कुरा के कहता रहा इश्क़ ज़िंदाबाद

मैंने लबों से चूम के सीने लगा लिया
काग़ज़ पे गर कहीं भी दिखा इश्क़ ज़िंदाबाद

महफ़िल के सामईन सभी झूमने लगे
जब जब भी मैंने मिसरा पढ़ा इश्क़ ज़िंदाबाद

मेराज इतनी कर दी अता इसको क़ैस ने
हर शख़्स को ये कहना पड़ा इश्क़ ज़िंदाबाद

जो हैं मुख़ालिफ़ इश्क़ के दिल उनके काँप उठें
कुव्वत के साथ बोलो ज़रा इश्क़ ज़िंदाबाद

शम्स-ओ-क़मर ज़मीन-ओ-ज़माँ कहकशाँ शजर
फूलों ने पत्तियों ने कहा इश्क़ ज़िंदाबाद

32. दश्त-ए-ग़ुर्बत में रोते फिरते हैं

दश्त-ए-ग़ुर्बत में रोते फिरते हैं
अपनी हम जान खोते फिरते हैं

देखिए क़ैस फूल से दिल पे
हिज़्र का बोझ ढोते फिरते हैं

ग़म में हम आपकी जुदाई के
अपना दामन भिगोते फिरते हैं

इश्क़ की जो बिखर गई तस्बीह
उसके दाने पिरोते फिरते हैं

हम शजर देखिए अज़ीज़ो में
मीर से ख़्वार होते फिरते हैं

33. मिल्कियत पे अपनी सुनिए अपना कब्ज़ा चाहिए

मिल्कियत पे अपनी सुनिए अपना कब्ज़ा चाहिए
तेश से ग़ाज़ी ये बोला मुझको दरिया चाहिए

जिस तरह से दोस्तों मजनूँ को लैला चाहिए
उस तरह से मुझको भी महबूब मेरा चाहिए

इश्क़ को मेराज हो जाए मता-ए-जाँ सुनो
लहजा-ए-लैला में दुनिया को वो ख़ुत्बा चाहिए

घिर गई है हिज़्र के तूफ़ाँ में कश्ती इश्क़ की
हज़रत-ए-फ़रहाद अब इसको सहारा चाहिए

दिल शजर का चल पड़ेगा ख़ुद ही राह-ए-इश्क़ पर
दिल को इन प्यारी सी आँखों का इशारा चाहिए

34. क्यों तुमको मेरी बात पे दिलबर यक़ीं नहीं

क्यों तुमको मेरी बात पे दिलबर यक़ीं नहीं
इस दो जहाँ में तुमसा कोई भी हसीं नहीं

ऐ मेरे मह-लक़ा ऐ मेरे हम-नशीं नहीं
जो ज़ेर-ए-आसमाँ है वो ज़ेर-ए-ज़मीं नहीं

नफ़रत है इंतिशार है और बे वफ़ाई है
उल्फ़त अमन सुकून जहाँ में कहीं नहीं

पूछा जो दिल से इश्क़ के मक़तल चलोगे क्या
दिल दफ़अतन ये तेश से बोला नहीं नहीं

मेरा तअरुफ़ उसने कराया कुछ इस तरह
दुनिया में इस शजर सा कोई हम नशीं नहीं

35. ज़ब्त को दोस्तों आज़माते रहो

ज़ब्त को दोस्तों आज़माते रहो
ज़ख़्म खाते रहो मुस्कुराते रहो

दर्द दिल का सभी को सुनाते रहो
हिज्र का उम्र भर ग़म मनाते रहो

जो है वादा वो वादा निभाते रहो
याद करते रहो याद आते रहो

इल्म की रौशनी से ये सारा जहाँ
जगमगाते रहो जगमगाते रहो

हक़ में मज़लूम के तुम सदा बोलना
अपनी औलाद को ये सिखाते रहो

दिल के कूचे में मत होने दो तीरगी
इश्क़ की शम्अ दिल में जलाते रहो

इश्क़ के बिन मुकम्मल नहीं ज़िंदगी
मिसरा मेरी ग़ज़ल का ये गाते रहो

आँखें वीरान हैं दिल परेशान है
ख़्वाब बन के इन आँखों में आते रहो

ग़ज़लें लिखते रहो तुम मेरे हुस्न पर
मेरी तस्वीर को तुम बनाते रहो

ख़ुश-नुमा हो रहा है ये मौसम सुनो
ज़ुल्फ़-ए-पुर-ख़म को यूँ ही उड़ाते रहो

जिसपे आए समर इश्क़ का प्यार का
वो शजर तुम जहाँ में लगाते रहो

36. ये नुजूमी ने बताया ख़्वाब की ताबीर में

ये नुजूमी ने बताया ख़्वाब की ताबीर में
रंज-ओ-ग़म रुसवाई फ़ुर्क़त है मेरी तक़दीर में

देखकर तस्वीर को कहते हैं ये अहल-ए-नज़र
कितने प्यारे लग रहे हैं दोनों एक तस्वीर में

क़ैस देता फिर रहा है दश्त में देखो सदा
दिल मेरा उलझा हुआ है इश्क़ की ज़ंजीर में

कम जो कर पाए तबस्सुम असग़र-ए-मासूम का
इतनी ताक़त ही कहाँ हैं हुर्मला के तीर में

क्या कहूँ मैं अब कलाम-ए-मीर को पढ़ कर शजर
दर्द-ए-दिल ही दर्द-ए-दिल है बस कलाम-ए-मीर में

37. ये ग़ज़ल जो तुम्हें सुनाई है

ये ग़ज़ल जो तुम्हें सुनाई है
ज़िंदगी की मेरी कमाई है

इश्क़ की क़ैद से निकालो मुझे
दिल के लब पर ये ही दुहाई है

वो वहाँ जो हसीं सा बंदा है
उसकी रग रग में बे वफ़ाई है

मय्यत-ए-दिल ये अपने सीने में
पूछ मत किस तरह उठाई है

हर तरफ़ अब शजर ज़माने में
बे-रिदाई है बे-हयाई है

38. शिद्दत-ए-दर्द की रसाई दे

शिद्दत-ए-दर्द की रसाई दे
गर ख़ुदा है तो फिर दिखाई दे

अपने होंठों से चूम आँखें मेरी
मेरी आँखों को रौशनाई दे

मुझको बर्बाद करने वाले बशर
आ मुझे आ के तू बधाई दे

क़ैद-ए-शिद्दत में मैं बहुत ख़ुश हूँ
क़ैद-ए-शिद्दत से मत रिहाई दे

मुझसे ये मुस्कुरा के बोला शजर
बा-वफ़ा है तो फिर वफ़ाई दे

39. जो मुझको ख़ुद से जुदा कर रहे हैं आप शजर

जो मुझको ख़ुद से जुदा कर रहे हैं आप शजर
सितम ये ख़ुद पे नया कर रहे हैं आप शजर

सलाम करते हैं जज़्बे को दौर-ए-हस्ती में
बुलन्द हक़ की सदा कर रहे हैं आप शजर

अगर तुम्हारे सबब दिल किसी का दुखता है
तो ज़ाया सजदे अदा कर रहे हैं आप शजर

हर एक शख़्स है आमादा बेवफ़ाई पर
फ़क़त जहाँ में वफ़ा कर रहे हैं आप शजर

मलाल होता है ये देखकर जवानी में
नमाज़-ए-इश्क़ क़ज़ा कर हैं आप शजर

40. ये मिसरा शजर सुन लब-ए-शीरीं पे सजा है

ये मिसरा शजर सुन लब-ए-शीरीं पे सजा है
तू दिल का सुकूँ है मेरी आँखों की ज़िया है

बेचैनी कभी आँसू कभी रंज-ओ-जुदाई
तोहफ़े में मोहब्बत से हमें क्या ही मिला है

दिल हर घड़ी बेचैन है अब लौट के आजा
ख़त में उसे मैंने यही हर बार लिखा है

वो गैरों से करता है मेरे सामने बातें
उसका ये जफ़ा करने का अंदाज़ नया है

बस वो हैं शजर सय्यदा ज़ैनब की कनीज़े
बाक़ी अभी जिन बेटियों के सर पे रिदा है

41. कहा है दिल ने जैसा कर रहा हूँ

कहा है दिल ने जैसा कर रहा हूँ
मोहब्बत से किनारा कर रहा हूँ

इबादत से नहीं होता हूँ ग़ाफ़िल
हर इक शब दीद तेरा कर रहा हूँ

तुम्हारा दिल नहीं तोड़ूंगा जानाँ
मैं तुमसे सच्चा वादा कर रहा हूँ

तुम्हारे इश्क़ में कुनबे से अपने
बग़ावत का इरादा कर रहा हूँ

अभी आएगा देखो चाँद छत पर
शजर उसको इशारा कर रहा हूँ

42. गुलशन में बाग़बाँ के शोले भड़क रहे हैं

गुलशन में बाग़बाँ के शोले भड़क रहे हैं
आँखों से देखो गुल की आँसू टपक रहे हैं

तोहफ़े में उसने मुझको काग़ज़ के जो दिए थे
ये देख मोजिज़ा तू वो गुल महक रहे हैं

तस्वीर को तुम्हारी आँखों में अपनी लेकर
हम सुब्ह-ओ-शाम दिलबर दर दर भटक रहे हैं

रहते हैं दूर हम तो मयख़्वारी मयकदे से
क्या माजरा है या रब हम क्यों बहक रहे हैं

सहरा में देखो मुर्शिद सदियों से लेके अब तक
चादर से ख़ाक की हम ज़ख़्मों को ढक रहे हैं

चेहरे से अपने उसने बख़्शा है नूर इनको
सूरज क़मर सितारे सब यूँ चमक रहे हैं

लगता है आ गए हैं परदेस से वो वापस
हमसाए के मकाँ में कंगन खनक रहे हैं

बाद-ए-फिराक़-ए-हमदम ये हाल हो गया है
दीवार-ओ-दर में अपना हम सर पटक रहे हैं

सदियाँ गुज़र चुकी हैं ऐ आने वाले आ जा
पलके बिछा के आशिक़ सब रस्ता तक रहे हैं

गुलशन में आ के देखो शबनम हैं गुल के लब पर
शाख़-ए-शजर पे बैठे पंछी चहक रहे हैं

मंज़र ये दिख रहा है हुक्म-ए-बयाज़ी पाकर
हिजरत शजर ने कर दी पत्थर धड़क रहे हैं

43. अपनी निगाह मेरी नज़र से मिला के देख

अपनी निगाह मेरी नज़र से मिला के देख
दुनिया में जी के देख लिया मुझमें आ के देख

मिल जाएगा जहाँ में ही फ़िरदौस का मज़ा
सीने से इक यतीम को अपने लगा के देख

मर जाऊँगा में तेरे बिना गर नहीं यकीं
तो ऐसा कर तू आज मुझे आज़मा के देख

बाक़ी रहेगी तू भी न बाकी रहूँगा मैं
शक है कोई तो ख़ुद में से मुझको घटा के देख

लूट जाएगा ये कर्यॉ-ए-दिल सुन ऐ अजनबी
मासूमियत से तू ना मुझे मुस्कुरा के देख

सारा जहाँ करेगा तुझे याद बाद-ए-मौत
तू इश्क़ कर और इश्क़ में ख़ुद को मिटा के देख

दोश-ए-हवा पे हमने जलाकर कहा चराग़
दम है हवा जो तुझमें तो इसको बुझा के देख

मै फिर से जी उठूँगा मुकम्मल यकीन हैं
एक मर्तबा मुझे तू सदा तो लगा के देख

नज़रों से लूट लेता है वो दिल की सल्तनत
अंदाज़ देखने हैं तो उसकी अदा के देख

छाया के साथ होगा मय्यसर तुझे समर
आँगन में अपने एक शजर को लगा के देख

44. याद रखना इलाहाबाद में तुम

याद रखना इलाहाबाद में तुम
क़त्ल हो जाओगे फ़साद में तुम

मुझको ये ख़्वाब रोज़ आता है
ख़ुश नहीं रहते मेरे बाद में तुम

मर गए सारे मेरे यार-ए-अज़ीज़
रह गए मेरी कल मुराद में तुम

मुझको बाद-ए-सबा बताती है
खोए रहते हो मेरी याद में तुम

कर गया ग़श वो इतना कहके शजर
कैसे रहते हो इन्फ़िराद में तुम

45. तुझे ज़िंदान-ए-ख़मोशाँ की वहशत मार डालेगी

तुझे ज़िंदान-ए-ख़मोशाँ की वहशत मार डालेगी
मुझे ये बज़्म-ए-मय ये बज़्म-ए-इशरत मार
डालेगी

भटक जाएँगे हम सब मज़हब-ए-इंसानियत से गर
तो हमको नक़्ल-ए-मज़हब की सियासत मार
डालेगी

हम अहल-ए-ज़िक्र अहल-ए-इल्म अहल-ए-फ़न को
ऐ मुर्शिद
ये जाहिल दौर-ए-हाज़िर की हुकूमत मार डालेगी

शब-ए-ख़ल्वत से लेकर के शब-ए-फ़ुक़्रत के लम्हों
की
शजर को याद-ए-रफ़्ता की अज़िय्यत मार डालेगी

46. मैं अपना हाल-ए-शिकस्ता कभी बदल न सका

मैं अपना हाल-ए-शिकस्ता कभी बदल न सका
मैं चाह कर भी तेरी याद से निकल न सका

जो दावे करता था हर लम्हा साथ रहने के
वो दो क़दम भी मेरे साथ साथ चल न सका

मुझे ख़ुशी है मैं सोहबत से बच गया उसकी
उसे मलाल है सोहबत में उसकी ढल न सका

चराग़-ए-इश्क़ जलाया था दिल की बस्ती में
चराग़-ए-इश्क़ मगर ज़ियादा देर जल न सका

हज़ार चाहा तेरे बाद दिल बहल जाए
मगर 'शजर' ये मेरा दिल कभी बहल न सका

47. उम्र भर दिल के दरीचों को सजाए रखना

उम्र भर दिल के दरीचों को सजाए रखना
तुम शजर दिल में मोहब्बत का लगाए रखना

ये सदा देता है सदियों से लहू सरवर का
ज़ुल्म के सामने तुम सर को उठाए रखना

हुस्न का क्या है किसी रोज़ भी ढल जाएगा
अपने किरदार को आईना बनाए रखना

नग़मा-ए-इश्क़ है ज़ीनत तेरे इन होंठों की
नग़मा-ए-इश्क़ को होंठों पे सजाए रखना

48. आपसे जितना कहा है आप बस वैसा करें

आपसे जितना कहा है आप बस वैसा करें
बे सबब गुलशन में जाकर फूल मत तोड़ा करें

पढ़ रहा हूँ बर-सर-ए-मजलिस मसायब हिज़्र के
आप पे वाजिब है मेरे हाल पर गिर्या करें

बादशाह-ए-सल्तनत ने लूट ली सर से रिदा
हम असीर-ए-ना-तवाँ किस चीज़ से पर्दा करें

ख़ेमा-ए-दिल में चराग़-ए-इश्क़ रौशन हो गया
ख़ेमा-ए-दिल में चलो चलकर अदा सज्दा करें

क़ाबिल-ए-तारीफ़ है हुस्न-ए-मता-ए-जाँ शजर
नज़्म में हुस्न-ए-मता-ए-जान पर चर्चा करें

49. दिल से दिमाग़ से उसे मन से निकाल दूँ

दिल से दिमाग़ से उसे मन से निकाल दूँ
इक बे वतन को फिर से वतन से निकाल दूँ

ख़ुद अपनी रूह अपने बदन से निकाल दूँ
यानी मैं ख़ुद को शहर-ए-सुख़न से निकाल दूँ

सय्याद लूट लेगा चमन की कशिश मेरे
सय्याद को मैं अपने चमन से निकाल दूँ

रोता है दिल ये दार-ओ-रसन में पड़ा हुआ
दिल को मैं अपने दार-ओ-रसन से निकाल दूँ

ऐ चारासाज़-ए-इश्क़ परेशान हूँ बता
दिल से चुभन या दिल को चुभन से निकाल दूँ

बस्ती में हुस्न वालों की फिर दिल लगाऊँगा
पहले मैं दिल को ज़ख़म-ए-कुहन से निकाल दूँ

अर्श-ए-बरी से फर्श पे लाऊँगा तोड़कर
सूरज क़मर को पहले गहन से निकाल दूँ

जीते जी आप मेरी अयादत को आओगे
क्या ये ख़्याल अपने ज़ेहन से निकाल दूँ

शायद सुकून-ए-क़ल्ब मिले थोड़ा सा मुझे
मैं गर लिबास-ए-ग़म को जो तन से निकाल दूँ

बन जाएगा ये लफ़्ज़-ए-क़फ़न लफ़्ज़-ए-फ़न शजर
गर हर्फ़-ए-क़ाफ लफ़्ज़-ए-क़फ़न से निकाल दूँ

मुर्शिद बना हुआ है शजर रौनक़-ए-सहन
कैसे शजर को दिल के सहन से निकाल दूँ

50. रुख़ मोहब्बत से मोड़ आए हैं

रुख़ मोहब्बत से मोड़ आए हैं
हम तअल्लुक़ को तोड़ आए हैं

इश्क़ के ख़वाब जिनमें आते थे
हम उन आँखों को फोड़ आए हैं

आँसुओं से जो तर था सहरा में
हम वो दामन निचोड़ आए हैं

उम्र गुज़रेगी अब उदासी में
ग़म से हम रिश्ता जोड़ आए हैं

लौट आए हैं ख़ुद शजर लेकिन
दिल को दिल्ली में छोड़ आए हैं

51. नौहा कुनाँ ज़माने का हर ख़ास-ओ-आम है

नौहा कुनाँ ज़माने का हर ख़ास-ओ-आम है
क़ल्ब-ए-शजर भी देखिए ज़िंदान-ए-शाम है

ज़ालिम की वो करेगा हिमायत जहान में
जिसके शिकम में दोस्तों माल-ए-हराम है

दस्त-ए-अदब को जोड़े हुए सर को ख़म किए
दरबार-ए-बादशाह में हाज़िर गुलाम है

मज़लूम-ओ-बेकसों की हिमायत में है खड़ा
जज़्बे को नौजवाँ तेरे दिल से सलाम है

सेहराब हो रहा है जहाँ तेरे आब से
बस इक शजर है दुनिया में जो तश्ना काम है

52. भँवरा चमन में तितली से जब गुफ़्तुगू करे

भँवरा चमन में तितली से जब गुफ़्तुगू करे
शाख़-ए-शजर पे फूल नई आरज़ू करे

वो शाहज़ादी जन्नत-ए-अर्ज़ी से आई है
दीदार उसका जो भी करे बा वज़ू करे

दश्त-ए-वग़ा में फिरता हूँ हाल-ए-ज़बूँ लिए
हाल-ए-ज़बूँ पे मेरे कोई हाव-हू करे

आँखों में अपनी तेरे सजाकर रखे ख़्याल
वाजिब है हर बशर पे तेरी जुस्तुजू करे

बे-ख़ौफ़ खींच लेना शजर की ज़बान को
वो तुमसे बात करते में गर तुम को तू करे

53. सितमगरों के सितम का जवाब होना था

सितमगरों के सितम का जवाब होना था
तुम्हारे दस्त-ए-अदब में गुलाब होना था

किसी के हाथ हिना से सजे हुए होते
किसी के चाँद से रुख़ पे नक़ाब होना था

गुनाहगार थे तुम लोग बिन्त-ए-हव्वा के
शदीद तुम पे ये नाज़िल अज़ाब होना था

तुम आ गए थे सिमटकर हमारी बाँहों में
मुनाफ़िक़ों का कलेजा कवाब होना था

वो पूछ बैठे थे तुम हमसे प्यार करते हो
सो यार हमको तो फिर ला जवाब होना था

54. किया है चाँद ने मेरे सिंगार ईद के दिन

किया है चाँद ने मेरे सिंगार ईद के दिन
ख़िज़ा पे आ गई देखो बहार ईद के दिन

मता-ए-जान क़सम से तेरी ज़ियारत को
निगाह-ए-दिल था मेरा बेक़रार ईद के दिन

फक़त तुम्हारी कमी खल रही थी रह रह कर
जमा थे घर पे सभी रिश्तेदार ईद के दिन

सदाएँ देता रहा दिल धड़क धड़क के तुम्हें
निगाहें करती रहीं इंतिज़ार ईद के दिन

पराए देस में तन्हाई से गले मिलकर
शजर मैं रोता था ज़ार-ओ-क़तार ईद के दिन

55. नौ जवाँ ये सदाएँ देते हैं

नौ जवाँ ये सदाएँ देते हैं
गेसू तेरे घटाएँ देते हैं

याद करके तेरी वफ़ाओं को
ज़ख़्म-ए-दिल को हवाएँ देते हैं

रुख़ से पर्दा हटा दो बहर-ए-ख़ुदा
रोज़-ओ-शब हम सदाएँ देते हैं

लोग देते हैं झुमके तोहफ़े में
और हम हैं रिदाएँ देते हैं

शेर कहता हूँ इश्क़ पर मैं शजर
मुझको ग़ालिब दुआएँ देते हैं

56. मिले जो वक़्त तो वादा निभाने आ जाना

मिले जो वक़्त तो वादा निभाने आ जाना
मेरे मज़ार पे शम्मा जलाने आ जाना

सितम गराँ तू सितम मुझपे ढाने आ जाना
ऐ मेरे दुश्मन-ए-जाँ दिल दुखाने आ जाना

कहा हुसैन ने कमसिन पिसर से मेरे पिसर
क़ज़ा के सामने तुम मुस्कुराने आ जाना

मज़ार-ए-क़ल्ब है बरसों से मेरा उजड़ा हुआ
इसे वफ़ा के पयम्बर बसाने आ जाना

ग़रीब-ओ-बेकस-ओ-मज़लूम-ओ बे-वतन के शजर
परेशाँ हाल पे आँसू बहाने आ जाना

57. है बपा शोर क़ल्ब-ए-मुज़्तर में

है बपा शोर क़ल्ब-ए-मुज़्तर में
आप हैं दुश्मनों के लश्कर में

बाग़बाँ ने ये कह के सब्र किया
गुल नहीं था मेरे मुक़द्दर में

ले चलो मुझको क़ैद-ए-शिद्दत तुम
ख़ौफ़ आता है मुझको इस घर में

इश्क़ का जो हिसाब बाक़ी है
हमसे कर लेना रोज़-ए-महशर में

कश्ती-ए-दिल न ग़र्क़ हो जाए
ऐ शजर इश्क़ के समन्दर में

58. कर दिया तर्क यूँ इबादत को

कर दिया तर्क यूँ इबादत को
तुम न आए मेरी अयादत को

उसने रुख़ से ना पलटी अपने नक़ाब
हम तरसते रहे ज़ियारत को

ये मोहब्बत भी इक इबादत है
क्यों क़ज़ा कर दूँ इस इबादत को

ज़िन्दगी पर तुम्हारी लानत है
उठ ना पाए मेरी हिमायत को

इस सियासत ने घर जला डाले
आग लग जाए इस सियासत को

सब मकाँ शहर में बराबर है
ज़लज़ला ढा गया इमारत को

उसने अपनी हया के पर्दे में
क़ैद कर रक्खा है क़यामत को

जिनको मैंने सुखन सिखाया था
उठ रहे हैं वही बग़ावत को

हक़ बयानी तो मेरी आदत है
क्यों बदल दूँ मैं अपनी आदत को

जो निकम्मी हो सुनिए औलादें
बेचती हैं वहीं विरासत को

मैं शजर हूँ जुदा हूँ दुनिया से
तुम ना समझोगे मेरी तीनत को

59. ग़ज़ल है सारी मेरी सोगवार आ जाओ

ग़ज़ल है सारी मेरी सोगवार आ जाओ
रदीफ़ कहती है ये बार बार आ जाओ

कलेजा चाक है मरहम रखो रफ़ू करके
है दर्द-ए-इश्क़ मेरा बे-शुमार आ जाओ

उजड़ गया है गुलिस्तान सब मेरे माली
तुम अपने साथ में लेकर बहार आ जाओ

लगे हैं ख़ार जो इस दिल में राह-ए-फ़ुर्क़त पे
निकालने वो मेरे दिल से ख़ार आ जाओ

दिल-ए-ग़रीब मेरा बार बार कहता है
मेरे हबीब मेरे ग़म गुसार आ जाओ

60. दुआ में आया हमारी असर बरेली में

दुआ में आया हमारी असर बरेली में
शजर पे आया वफ़ा का समर बरेली में

किया बहिश्त की हूरों का दीद आँखों ने
जहाँ जहाँ भी गई ये नज़र बरेली में

सुकून-ओ-चैन मयस्सर न हो सका हमको
भटकते फिरते थे हम दर-ब-दर बरेली में

हमें यक़ीन है इसका कि हमको शाम-ओ-सहर
किसी की ढूँढती होगी नज़र बरेली में

वहाँ की आब-ओ-हवा ख़ुल्द की सी लगती थी
बड़ा सुकून मिला था शजर बरेली में

61. "चले आओ"

दे रहा हूँ सदा चले आओ
आप बहर-ए-ख़ुदा चले आओ

सारे मौसम उदास होने लगे
सब शजर बे-लिबास होने लगे
ले के मौसम नया चले आओ

दाग़-ए-फ़ुर्क़त है क़ल्ब-ए-मुज़्तर पर
दे रहा है तुम्हें सदाएँ शजर
दिल की लेकर दवा चले आओ

62. "इश्क़"

इश्क़ जब होता है सूरत नहीं देखी जाती
इश्क़ जब होता है दौलत नहीं देखी जाती
इश्क़ जब होता है मज़हब नहीं पूछा जाता
इश्क़ जब होता है मस्लक नहीं देखा जाता

इश्क़ को क़ैस से आशिक़ ने इबादत जाना
इश्क़ को दोस्तों राँझा ने स'आदत जाना

इश्क़ इंसान को अल्लाह के करता है क़रीब
इश्क़ इंसान को अल्लाह का करता है हबीब
इश्क़ इंसान को क़िस्मत से मिला करता है
इश्क़ इंसान को यूँ ही नहीं होता है नसीब

इश्क़ जिनको न मिले उनकी है तक़दीर बुरी
इश्क़ मिल जाए जिन्हें वो हैं मुक़द्दर के धनी

इश्क़ इंसान को जीने का हुनर देता है
इश्क़ इंसान को एक पाक सफ़र देता है

इश्क़ इंसान को देता है इबादत का शऊर
इश्क़ इंसान को एक पाक नज़र देता है

इश्क़ हो पाक तो फिर दूर बदन रहते हैं
इश्क़ में जिस्म की चाहत को हवस कहते हैं

इश्क़ में हीर बनो इश्क़ में तुम राँझा बनो
इश्क़ में क़ैस बनो इश्क़ में तुम लैला बनो
इश्क़ में दोस्तों राइज न तुम इल्हाद करो
इश्क़ में शीरीं बनो इश्क़ में फ़रहाद बनो

इश्क़ है एक इबादत सो अदा करते रहो
इश्क़ में जीते रहो इश्क़ तुम मरते रहो

इश्क़ हो पाक तो ख़ुश आपसे क़ुदरत होगी
इश्क़ हूरों से करोगे तो इबादत होगी
इश्क़ में आप पे अल्लाह की रहमत होगी
इश्क़ में रब के मरोगे तो शहादत होगी

इश्क़ को इश्क़ की मेराज तलक जाने दो
इश्क़ में आती है गर मौत तो तुम आने दो

इश्क़ है नाम अंधेरो में सहर होने का
इश्क़ तो नाम है दीवार में दर होने
इश्क़ तो नाम है एक दूसरे में खोने का
इश्क़ तो नाम है रूहों के मिलन होने का

इश्क़ के नाम पे मत जिस्म फ़रोशी करना
इश्क़ करना तो मेरे यार हक़ीक़ी करना

इश्क़ तो साहिब-ए-ईमान बना देता है
इश्क़ बे जान को बा जान बना देता है
इश्क़ पत्थर को भी भगवान बना देता है
इश्क़ इंसान को इंसान बना देता है

इश्क़ में मेरी नसीहत का भरम रख लेना
इश्क़ से ख़ुद को शजर दूर मत होने देना

9 7 9 8 8 8 8 3 3 2 7 1 9